Dieu n'existe pas

Et il nous le prouve ?

Essai

1

Patricia   Lepetit

ISBN

Mars 2015

978-1-326-21919-2

2

Genèse chapitre 1 : 26-28

Puis Dieu dit : faisons l'homme à notre image, selon notre ressemblance et qu'il domine sur les poissons de la mer, sur les oiseaux du ciel, sur le bétail, sur toute la terre et sur tous les reptiles qui rampent sur la terre.

Dieu créa l'homme à son image, il le créa à l'image de Dieu. Il créa l'homme et la femme.

Dieu les bénit et leur dit: «Reproduisez-vous, devenez nombreux, remplissez la terre et soumettez-la! Dominez sur les poissons de la mer, sur les oiseaux du ciel et sur tout animal qui se déplace sur la terre!»

Il existe dans l'immense univers, une grande et belle planète peuplée de petits êtres dits humains ayant tous un sentiment en commun, à savoir : la peur ! La trouille, les jetons, la pétoche...

Peur de quoi ?

De mourir !

Eh oui l'homme qui vit pense tout au long de sa vie à une chose : la mort !

Que se passe-t-il après la mort ?
Est-ce qu'il ne reste rien de l'homme une
fois refroidi ?
Existe-t-il une récompense après la vie
ou punition selon les actes commis tout
au long de celle-ci ?

Grosse angoisse qui lui pourrit la vie.
Alors pour faire face il faut s'inventer
quelque chose ou quelqu'un qui prend
soin de lui une fois dans le trou ou dans
l'urne, chacun sa méthode de rangement.

Un livre a vu le jour, ou plutôt plusieurs
petits livres réunis en un, la bible qui
tient lieu de guide spirituel *inspirée par
Dieu.*
Des hommes inspirés on couché, chacun
avec son style, d'où quelques différences
dans la description de mêmes scènes,
avec détails sur une situation importante
pour l'un et moindre pour un autre, sur le
papyrus des histoires, belles pour

5

certaines, cruelles pour d'autres avec quelques doses d'espoir et de punitions diverses pour celui ou celle qui s'égarerait du chemin pris de son plein-gré pour suivre les préceptes donnés par un Dieu qui serait là pour guider toutes ces millions fourmis sur deux pattes, apeurées .

Voilà l'homme affublé d'un guide à suivre le rendant parfois bon, fanatique, intolérant, perdu, coupé du monde...

Il apprend que son Dieu a créé le monde en 7 jours (sachant qu'un jour aux yeux du créateur vaut 1000 ans pour un homme = plus logique de le savoir que

de croire que chaque jour durerait 24 heures) qu'il a fait tout ça juste pour le plaisir, confiant la terre au premier couple qui s'est planté grave en désobéissant à son créateur sous l'influence d'une créature céleste déchue et vlan, il fallait bien un méchant dans l'histoire !

Tout ce petit monde disposant du libre-arbitre.
Pour en faire quoi ?
Eh bien des conneries à n'en plus finir, on voit ce que ça donne :

- terre ravagée par la pollution
- des êtres humains qui crèvent de faim sur une partie de la terre pendant que d'autres s'enrichissent en appauvrissant leurs congénères sans pitié, n'ayant jamais assez de tunes pour être pleinement satisfaits.
- la connerie devenant maîtresse du monde et j'en passe.

Et Dieu dans tout ça ?

Eh bien si le Dieu de la bible existe, il
est dit qu'il a un dessein pour chacun des
êtres qui peuplent la planète.

Voyons ça : qui dit dessein dit destin dit
que quoi qu'un individu fasse, si son
dessein est d'en prendre plein la figure
pour ne pas choquer... Alors il n'a pas le
choix, il doit encaisser et encaisser
jusqu'à l'épuisement ou le suicide ?
Alors on pourrait dire que l'homme
adulte peut à la rigueur essayer de
décider, détourner le plan qui a été mis
au point pour lui.

Mais qu'en est-il des enfants ?

Exemple : un enfant qui vient d'être mis
au monde en Inde, une fille, se voit
étranglée ou égorgée dès qu'elle sort du

8

ventre de sa mère, car une super, géniale
tradition oblige les familles à donner à la
famille dont le fils se marie avec leur
fille une dote colossale bien au-dessus
des moyens de la dite famille qui peut se
retrouver ruinée ou pire la fille ayant
servie mais trouvé pas top, jetée, virée.
Alors pour ne pas subir ça, des milliers
de petites filles qui viennent au monde
dans ce pays et certainement dans celui
de l'enfant unique, se retrouvent jetées à
même les décharges publiques, j'ai vu
cela un jour dans un reportage et c'est là
que je me suis dit : ma pauvre tu es bien
conne d'avoir cru à l'existence d'un Dieu
dit d'AMOUR qui peut regarder le
génocide des êtres les plus innocents
qu'il puisse exister se dérouler sans
intervenir, via cris de dégoût par
exemple des autres pays qui pourraient
se montrer indignés et intervenir, non
rien du tout, il paraît que maintenant la
stérilisation rémunérée est au
programme pour empêcher le massacre,

9

ouais!!!

Oh, mais c'est bien sûr ! Ce n'est pas
Dieu qui laisse faire toutes ces choses,
c'est l'autre, celui qui a bon dos, le déchu
mais oui, comme c'est pratique !
Les humains auraient un Dieu super
génial, super aimant qui laisse crever de
faim des millions de personnes depuis
des siècles, laisse des bébés filles se faire
trucider dès qu'elles sortent du ventre de
leur mère ne leur accordant même pas
une sépulture décente, laisse des enfants
se faire violer, abuser par des individus
abjectes (je sais de quoi je parle, j'ai
« pratiqué » les pédophiles entre 4 et 9
ans) quel super dessein de la part d'un
Dieu d'amour !
Ah mais non, je suis stupide, ce n'est pas
lui qui a laissé faire pendant des années,
c'est l'autre !
Utilité des maltraitances envers un
enfant quand le ou les bourreaux ne sont
jamais inquiétés ? Peu-être pour lui

10

forger le caractère!

Pour faire avaler la pilule de
maltraitances il est bon de dire que si
quelqu'un subit des horreurs et souvent à
répétition, c'est pour une RAISON, un
but... Disons que le génocide des
innocentes petites filles en Inde a servi à
mettre en place la politique de
stérilisation, ok, mais pour ce faire des
milliers d'âmes innocentes ont été
SACRIFIEES.
Quand une personne est assassinée par
un tueur en série ou autre sa mort
servirait à faire en sorte que le tueur soit
arrêté et donc stoppé dans son entreprise
de massacres à venir, mais qu'en est-il
pour tous les autres ?
Ces âmes torturées, tuées dont la douleur
indélébile ou la perte de la vie ne SERT
A RIEN ?
Toutes ces personnes sont-elles là juste
pour subir gratuitement, pour le bon
plaisir de celui, qui si il existe, regarde

sans broncher et punirait en plus les
êtres, qui épuisés oseraient mettre fin à
leur souffrance en s'ôtant la vie ?
Ça en fait des punitions sur de frêles
épaules humaines !

Nous avons donc des humains qui
croient qu'un Dieu les écoute quand ils
s'adresse à lui, qui est là pour eux et qui
prendra soin d'eux une fois refroidis !

Et pour encaisser les deuils,
maltraitances, toute la merde qui tombe
souvent sur la tête d'un même individu,
comme une sorte d'acharnement, il est
évident de dire que si quelqu'un subit
tout ça c'est parce qu'il y a une bonne
RAISON ! Oui ! Il faut encaisser avec le
sourire car tout ça a un but, lequel ?

Amuser la galerie céleste ! Oui si un
Dieu existe il faut bien qu'il ait des
distractions, comme un chat joue avec
une souris avant de lui tordre le cou et de

la manger.

Donc si Dieu existe, il a diverses distractions et selon le tirage au sort ce sont souvent les mêmes qui en prennent plein la tronche, c'est pas génial ça ? Paradoxalement quand on lit la bible il est écrit que si quelqu'un touche à un être humain pour lui faire du mal c'est comme si on touchait à la prunelle de ses yeux !
Si on touche la prunelle de mes yeux, j'ai un mouvement de recul car elle est sensible, je me frotte les paupières et je fais en sorte que l'individu que s'est amusé à faire ça ne puisse plus recommencer !
Donc ou les yeux du créateur sont insensibles où quelqu'un a écrit une grosse bêtise !

Donc insensibilité des yeux de celui que l'on appelle Dieu.

Il est écrit aussi qu'il pourvoit à la nourriture des oiseaux... Alors puisqu'un être humain vaut plus qu'un oiseau il fait de même pour lui, il ne doit surtout pas s'inquiéter.

Pourtant un être humain vaut moins qu'un oiseau d'après le constat qui est fait en voyant les hommes mourir de ne pas avoir à manger ou à boire ! Bien entendu si Dieu existe il ne peut pas être derrière chaque individu, c'est ce qui est couramment dit pour justifier toutes les horreurs du monde !

Ce sont les hommes qui agissent mal comme dans les pays en guerre, ils détournent la nourriture envoyée en aide à la population afin de la revendre... Ce n'est donc pas Dieu le responsable, mais l'autre, le méchant déchu qui influence tous ces vilains hommes ! Mais si le méchant déchu peut influencer les hommes, celui qui normalement est

14

plus puissant, est-ce que lui ne peut pas faire de même ?

Ou alors il LAISSE FAIRE !

Il est écrit dans la bible que l'homme est fait à l'image de Dieu.

Exemple : un homme ou une femme qui voit un animal se faire maltraiter, que fait-il ? En général il agit, intervient auprès du bourreau, enfin une partie des humains seulement intervient, comme quand une personne se fait agresser en public, violer, tabasser ou autre, la plupart détourne le regard, COMME DIEU !

La preuve que Dieu existe et que puisque l'homme est fait à son image il est

15

indifférent comme lui ?

Il y a un petit côté de Dieu qui n'est pas joli, car on peut lire dans son livre qu'il est un Dieu qui est jaloux et réclame un attachement exclusif !

Exode chapitre 20 : 5

Pourtant quand on est amour, on se fiche, normalement, de son ego et on ne demande pas à être le seul à se faire aimer.
Je confirme l'homme aussi ressent de la jalousie, un besoin d'être exclusif.

Il est souvent admis que si on veut avoir la preuve que Dieu existe, il suffit de regarder sa CREATION.

Il est vrai que la nature est superbe et là le mot est faible il faudrait en inventer un pour la décrire, on en prend plein les yeux.

16

La nature, les animaux, on s'émerveille devant tant de beauté.

Il est indéniable que tout est bien organisé, l'univers (la terre est pile-poil bien alignée juste au bon endroit pour ne pas se faire griller par le soleil et ne pas subir la mauvaise influence de la lune) les saisons, les naissances des animaux pour la plupart au printemps et qui dit organisé dit organisateur et donc créateur dit Dieu.
Mais il est écrit que Dieu n'a ni commencement ni fin ?
Stop, je cale !
Ou alors si je met mes neurones à contribution, je me dis que quand quelque chose ne commence pas = elle n'existe pas ! Et si elle n'a pas de fin = elle est éternelle ! Mais comment une chose qui n'a jamais commencée peut-elle ne pas avoir de fin ?

Là je suis embrouillée, mes petites

cellules grises titillées un max. n'en
peuvent plus.

Quand l'homme (à l'image de Dieu)
possède un ou des animaux, une maison
avec un jardin ou grand espace, que fait-
il ?
Il en prend soin.
Il entretient, cultive, veille à ne pas
laisser mourir nature ou animal, il se sent
bien en faisant tout ça, il est heureux,
partage avec ses amis et ne permettrait
que personne massacre ce à quoi il tient.

L'homme tiendrait-il plus à la création
dite de Dieu que son créateur ?

Il faut avouer que quand on lit la bible,
on constate qu'il y a beaucoup de choses
logiques, mais aussi d'autres assez
« magique », comme un homme qui
marche sur l'eau, une mer qui s'ouvre en
deux, de l'eau changée en vin, des pains
qui se multiplient, des cailles qui

18

tombent du ciel (pour les cailles il paraît
que c'est un phénomène courant à
l'endroit où cela se serait déroulé, donc
les croyants diraient/affirmeraient à ce
sujet que Dieu savait qu'elles
tomberaient du ciel et a fait en sorte de
faire venir le peuple qui errait dans le
désert au bon endroit au bon moment...),
il y a de la logique, de la cruauté et des
rois qui sont bénis alors que par exemple
l'un d'entre-eux a envoyé son meilleur
ami faire la guerre en première ligne
pour qu'il se fasse tuer et ainsi pouvoir
épouser la femme du défunt qu'il
convoitait.
Puni pour ça ? Non béni à fond,
richesses, pouvoir etc...

Il y a aussi la logique de la circoncision
mais comment les hommes auraient pu
savoir qu'il faut circoncire après le
septième jour de la naissance et pas
avant car si non l'enfant se vide de son
sang ?

Seul Dieu pouvait savoir ça ou
simplement il y a eu des essais
infructueux qui ont vu la mort des
enfants et le constat a été fait après ces
morts qu'il fallait respecter un délai !

Alors ces petits livres reliés en un, dit
bible, est-ce que ça nous apporte une
réponse quant à l'existence de Dieu ou
le contraire ?

On peut lire qu'il existerait des anges.
Plusieurs catégories, le chef dit grand
archange, archange, et les autres
chérubins, séraphins, qui seraient des
messagers et quatre anges dispersés aux
quatre coins de la planète pour empêcher
que l'homme la fasse exploser en
morceaux, car il faut contrôler au
minimum ses conneries.

Parmi ces anges, certains auraient voulu
« voler de leurs propres ailes » (plus que
facile !:-)) sans autorité qui leur dise

quoi faire, vaquer à leurs occupations
sans devoir rendre de compte.
Alors ils auraient été virés, expulsés du
doux confort céleste pour environner la
terre et s'éclater en s'amusant à torturer
la population avec diverses méthodes
plus variées les unes que les autres, mais
celle qui sont toujours gagnantes :
sexe, violence, pouvoir, torture mentale,
destruction, perversions en tous genre
etc...

Pourtant quand l'homme, qui serait fait à
l'image de Dieu, constate qu'un de ses
enfants fait du mal à autrui, que fait-il ?
Quelle est sa réaction ?
Il fait en sorte d'expliquer à sa
progéniture que son acte est mauvais,
qu'il ne doit pas recommencer, lui
expliquant pourquoi et le punit en
conséquences.

Là ce ne sont pas les créatures déchues
qui ont été punies, mais les hommes

21

pour des actes dont ils sont étrangers !
Les déchus ont juste été virées, allez
hop, débarrassez les nuages et allez vous
amuser ailleurs et surtout ne nous
dérangez pas.
Ils ont commencé par s'accoupler avec
les femmes de la terre engendrant des
hommes très grands, puissants et cruels,
appelés des Néphilims et pour rectifier le
tir, Dieu a noyé tout ce qui vivait sur
terre, excepté Noé choisi parmi les
hommes avec femme, famille et couple
de chaque animal, puisque paraît-il,
aucun autre humain ne méritait de vivre,
sympa pour les bébés qui avaient
certainement été catalogués futures
créatures méchantes !
Encore un acte de « punition » avec
dommage collatéral pour les humains
alias la mort, influencés par les déchus.

Géniale la justice divine !

La femme :

Dans la bible il s'avère souvent que la femme en prend pour son grade, elle doit être soumise, les hommes avaient le droit d'avoir plusieurs épouses, pourquoi pas le contraire ?
Elles sont répudiées pour un oui ou un non, le Dieu de la bible serait-il misogyne ?
Serait-elle châtiée plus que l'homme car ayant désobéi à son créateur ?
C'est grave, car il est écrit que Dieu a enseigné à Adam les préceptes auxquels il devait obéir et ce DIRECTEMENT, il s'est adressé à lui personnellement alors qu' Eve n'a pas été informée directement par son papa, mais par son homme, donc c'était juste la parole d'un homme contre celle d'un serpent (tel la marionnette du ventriloque) qu'elle a mis en doute en écoutant le déchu que se servait de son

23

pantin rampant.

Celui qui aurait du recevoir le châtiment le plus important, logiquement, ça devait être celui qui a reçu les infos directement de la source, non ?

La croyance en Dieu n'apporte que la division, l'intolérance, la haine et une infime part d'amour désintéressé, mais vraiment infime.

Dieu est division, des religions se forment, se bouffent le nez, lisent la même bible mais en font un usage opportuniste se servant d'un verset puisé au hasard et souvent sorti de son contexte pour appuyer des thèses, des dogmes, des soumissions, faisant de la bible un objet de peurs cultivées via lectures de passages qui parlent de guerres dites saintes, obligeant certains à donner tout ce qu'ils possèdent, vidant le cerveau en recherche de vérité des plus faibles qui, s'ils ne sortent pas de ces

24

sectes intéressées par pouvoir, sexe et argent finissent épuisées et vidées de toute volonté soumises jusqu'à leur fin.

Nous avons un Dieu qui laisserait toute sa création souffrir au plus haut point, jusqu'au point de non-retour pour une partie de ses créatures, sans lever le petit doigt, sans au moins une larme céleste verser, tout ça parce qu'il aurait une date prévue à laquelle il ferait le grand ménage, enfin d'après l'interprétation faite de son livre.

Pour finir l'homme qui dit croire à un Dieu n'est pas plus avancé quant à sa peur de la mort, il se rassure en se disant qu'il ira au paradis et pour les méchants en enfer, mais qui définit le degré de méchanceté pour aller se faire griller et celui de gentillesse pour se rouler dans les nuages ?

L'homme ferait mieux d'accepter l'idée

qu'une fois sorti du ventre de sa mère, il n'est qu'un mort-vivant et que sa destinée est de finir par arrêter de respirer un jour, à lui de faire en sorte de vivre chaque jour comme si c'était le dernier sans se prendre la tête !

Mais très occupé à amasser du fric pour s'offrir plus que ce que possède son voisin il oublie le principal, sa vie, le but de celle-ci.
Quand je vois les gens jamais contents de ce qu'ils ont, qui passent avec mépris devant une personne qui tend la main, se trouvant une bonne excuse pour ne pas avoir au minimum un geste désintéressé, un geste altruiste, donner un petit quelque chose, non ils se disent : il/elle est jeune elle a l'âge de travailler (sachant que quand on n'a pas d'adresse fixe on ne peut pas trouver de travail) alors aider un jeune jeté à la rue par sa famille pour diverses raisons ou ayant l'ayant fui pour échapper à

26

l'intolérable... Inutile de faire un petit geste.

L'homme qui serait à l'image de son Dieu est devenu comme lui, insensible à l'autre, avec pour objectif, pour l'homme de se remplir les poches et de paraître !

L'homme peut-il vivre sans croire en Dieu ?
Il y a les personnes hâtées, libres de penser, mais quand une personne qui dit ne pas croire en Dieu se retrouve dans un avion prêt à s'écraser, quel est son réflexe ?
Croiser les mains et s'adresser un court instant à Dieu !
Est-ce que l'homme serait génétiquement programmé pour avoir le besoin de se tourner vers une divinité lorsqu'il rencontre un problème de santé grave, se trouve devant la mort ?

Et les anges gardiens alors ?

Il est acquis que si Dieu existe il existe aussi les anges gardiens, chaque homme aurait un ange gardien qui doit avoir en charge plusieurs humains (sachant qu'un ange peut décimer 150 000 hommes quand il en reçoit l'ordre) est-ce que ce serait la même chose ? Un ange s'occuperait de 150 000 humains et c'est pour ça qu'il aurait de grandes défaillances, car quand on voit ce qui arrive à certains !

Ou pire des préférences, protégeant plus une personne qu'une autre, après tout il est dit dans la bible que certains apôtres étaient préférés à d'autres par le fils de Dieu maintenant archange.

Pas sympa.

Au lieu de s'inventer un Dieu, l'homme aurait mieux fait de garder son doudou, celui qu'on lui retire, le doudou qui le rassure quand il est petit, qu'il sert dans ses bras quand il a peur, à qui il parle, il n'en serait pas là, dans une merde totale.

On enlève le doudou d'un enfant et pour
le rassurer on lui dit qu'il y a quelqu'un,
dans le ciel, qui veille sur lui !

La bible ne parle pas d'autres créature
céleste hors Dieu et de sa troupe,
pourtant il existerait des extraterrestres.
Mais où elle va la meuf !
Des extraterrestres !
Il y a des milliers de témoignages à
travers le monde, si on enlève ceux qui
viennent de personnes « délirantes » et
que l'on garde les autres, d'êtres autres
qu'humains qui auraient été vus et même
leur moyen de locomotions (quelques
photos et vidéos le démontrant, pour le
moyen de transport).
Quelqu'un qui est témoin de ce genre
d'apparition se tait car il est pris pour un
dingue, mais quelqu'un qui croit qu'un
homme peut marcher sur l'eau, qu'un
Dieu peut faire en sorte qu'une mer
s'ouvre en deux sans en avoir la preuve,
qu'une femme peut être fécondée par la

voix des « airs », *ce quelqu'un lui est appelé chrétien et dit équilibré !*

On marche sur la tête, où est la logique la-dedans ?

L'existence de Dieu est affirmée et acquise partout dans le monde mais celle de créatures autres qu'humaines est dénigrée, alors pourquoi tant de nations dépensent des millions/milliards de dollars ou d'euros ou autres monnaies pour construire des antenne paraboliques immenses, des télescopes envoyés dans l''espace pour observer... > Qui ?

Affirmer et prouver que les extraterrestres existent ne serait-il pas la fin de l'existence acquise de Dieu ?

Cela ébranlerait-il l'humanité ?

J'avoue avoir vu un objet volant, lorsque j'étais ado en vacances chez ma sœur, un soir d'été avant d'aller me coucher. A la fenêtre de ma chambre à je ne sais plus quel étage de l'immeuble, je regardais le ciel noir avant de fermer la fenêtre et j'ai vu une espèce de lumière ovale, silencieuse de déplacer à une vitesse phénoménale (aucun avion n'aurait pu aller aussi vite) stationnant un court instant et disparaissant aussi vite qu'elle était apparue. Bien entendu je n'en parlais à personne, pas besoin, le lendemain, gros titres dans les journaux français et belges, des centaines de personnes ayant assisté au même phénomène.

Là la question commence à se poser, interrogations diverses sur Dieu, les extraterrestres, pour finir par étudier la bible de a à z à une époque de ma vie, croyant à la logique de ce qui est écrit mais ouvrant les yeux sur ce qui l'était Pour finir pas ne pas être plus avancée sur la question quant à l'existence d'un créateur, car observant le monde et subissant à mainte reprises ce qui est le plus négatif de celui-ci et supportant de moins en moins de voir ce monde s'autodétruire, au lieu d'avoir la preuve de l'existence d'un Dieu pour moi c'est plutôt la preuve de sa non existence !

Je vais plus loin : si les extraterrestres avaient balancé la bible aux humains pour les occuper ?
Pour les diviser ?
Pour les observer ?
Pour les tester ?

Si tout cela n'était qu'une sorte d'observation du peuple terrestre par des créatures autres qu'humaines qui interviendraient de temps en temps pour nous empêcher de commettre l'irréparable ?
Si l'homme n'était qu'un objet d'étude pour ces créatures supérieures qui observent à quel point nous pouvons être

crédules, rêveurs, bons, mauvais, prêts à tout pour assouvir nos besoins ou le contraire altruiste, tester nos peurs, notre cruauté, savoir jusqu'où nous pouvons aller quand nous devons faire face à l'insupportable, à l'injustice, si tout cela était ?

Prélevant quelques « échantillons » humains pour contrôler résistance physique et psychique et qui sait faisant des croisements génétiques !

Quel serait leur but final une fois les observations terminées ?
Au même titre que les cobayes que les humains utilisent pour tester médicaments, virus etc... sont éliminés voir meurent naturellement pour confirmer des résultats ou pour une infime partie remis à une famille d'accueil, est-ce que les cobayes que nous serions pour ces créatures, ne finiraient pas à la trappe ?

Ou, s'ils existent et que cela s'avérait,
leur but serait-il autre que de faire
souffrir les terriens ?
De leur faire cadeau de la vérité un jour
pour les délivrer de leur fameuse
angoisse leur donnant enfin la possibilité
de vivre sachant qu'une fois qu'ils tirent
leur révérence il n'y a ni récompense, ni
punition, juste un sommeil éternel.

Après tout qui peut affirmer le contraire,
que cela est faux, ceux qui affirment que
Dieu existe sans en avoir aucune
preuve ?

Oui mais... la foi ?

Ah la foi, voir tous ces hommes et
femmes illuminés pas cette fameuse foi,
ils sont comme sur un nuage, ont envie
de la partager, de l'offrir, de la
communiquer à tous, ils viennent
d'apprendre l'existence de Dieu ?

34

De lire la bible, d'être reçus au sein de
ses disciples, alors les voilà qui exultent
ils se sentent à part, rien ne peut plus les
atteindre, s'il leur arrive une grosse tuile,
tant pis, pas grave c'est une épreuve pour
éprouver leur super foi, ça vient du
méchant déchu, mais qui le laisse faire ?
Eh bien c'est Dieu !
Mais pourquoi laisse-t-il le déchu faire
du mal à la brebis ?
Pour éprouver sa foi ?
Pourquoi ?
Parce qu'il veut une preuve de la
soumission, de la fidélité de sa brebis !
Et en contrepartie que récolte la brebis ?
Le paradis !
Plus la brebis encaisse plus belle sera sa
place au paradis !
Ah, comme c'est rassurant, alors c'est
bon la brebis encaisse !

Elles encaissent les brebis, ah le pouvoir
de la foi !

35

NON, le pouvoir de

L'AUTOSUGGESTION !

Rien de plus.

Et si la brebis en a marre d'encaisser, car des brebis ne font que ça tout au long de leur vie encaisser et encaisser alors que d'autres ne font que recevoir, alors au bout d'un moment la brebis se dit mais c'est pas normal que moi j'en prenne plein la poire sans arrêt pendant que l'autre reçoit toujours plus et n'aide pas souvent son prochain !

Alors qu'arrive-t-il à la brebis dite égarée, qui n'est qu'humaine avec toutes les faiblesses physiques ou psychologiques que cela implique, qui quitte le troupeau ?
Dans la bible il est dit que le berger abandonne un petit moment le troupeau

pour aller chercher la dite brebis, mais parfois il met un paquet de temps pour arriver jusqu'à elle, il doit s'égarer le berger, picoler en tapant la discute chez l'habitant qui le reçoit sur son chemin et à force, oups, il perd l'itinéraire jusqu'à la pauvre brebis qui, ou est morte indépendamment de sa volonté ou s'est trucidée à bout de forces et là vlan, il est dit que si elle ose en finir par elle-même elle en prend encore plein le dos dans l'autre monde, pas top tout ça !

Croire en Dieu serait un piège, se retrouver comme dans une camisole d'obligations à remplir ?

Rien de rassurant ?

Si on obéit tout va bien si non gare, ça finira mal !

Et si la brebis sort du troupeau avec la volonté de ne plus y revenir, que lui

37

arrive-t-il ?

Elle doit essayer de se nettoyer le
cerveau de tout ce qu'elle a
emmagasiné !
Ça met des mois ou années, tout dépend
si elle nettoie son disque dur seule ou si
elle se fait aider, car la brebis qui sort du
troupeau se CONDAMNE A MORT !
Elle est vidée, névrosée, a du mal a
prendre ses décisions, doit se faire
violence pour s'ouvrir de nouveau aux
autres, ceux qui étaient considérés
comme faisant partie de l'autre monde,
des condamnés car ne suivant pas les
préceptes.
Pas facile de se dire qu'on ne fait rien de
mal en ne voulant plus croire en Dieu.
Pas facile pour une mère de se dire que
NON, elle ne condamne pas ses enfants
à mort.
Pas facile de se faire plaisir sans
culpabiliser, d'oser, pour une femme,
porter une robe courte sans penser que se

faisant elle allumerait tous les hommes qui croiseraient sa route la regarderaient seulement avec une envie malsaine...
Pas facile...

Oui elle sera punie de toute façon !

Dieu, s'il existe n'est-il que le fruit des peurs des hommes personnifié en une créature divine ?
Les hommes ont-ils besoin de lui pour nier le déni de la réalité de la ou leur vie qui pour beaucoup ne les satisfait aucunement ?

Et Jésus dans tout ça ?

Jésus devait être un homme altruiste, bienveillant, attentif avec un charisme hors du commun.

Le plus grand psy. que la terre ait porté !
Des hommes de son acabit attirent les

foules et attisent la jalousie des puissants qui eux n'ont que leur argent ou pouvoir pour se faire aimer ou adorer, selon les ambitions, mais le plus souvent craindre.

Il devait comprendre l'homme et sa générosité le poussait à lui venir en aide. Une sorte de profiler qui pouvait dévoiler les qualités et défauts de chacun n'hésitant pas à se mettre en colère en voyant des riches pharisiens hypocrites se targuer devant un temple de la fortune dont ils faisait don alors qu'aux yeux de Jésus la femme qui déposait une pièce qui aurait du lui servir à acheter de quoi se nourrir donnait bien plus qu'eux, car le faisant avec son cœur.
On voit souvent dans ce monde, ces sortes de pharisiens qui sous les flashs des photographes ou devant caméras donnent un chèque de droits d'auteur d'un CD ou autre pour se faire valoir...

Pas étonnant que les puissants aient voulu le détruire en l'humiliant, mais se faisant ils lui ont donné une renommée à laquelle jamais un homme n'aurait rêvé, poussant les générations suivantes à vouloir lui ressembler, enfin, pour les hommes de bonne volonté !

Et les miracles ?

De l'autosuggestion !

Au même titre qu'un médicament dit placebo, une âme en souffrance peut laisser « partir » la douleur de son corps en se persuadant qu'elle lui est retirée par la main qui se pose sur sa tête ou quand elle plonge dans une eau dite miraculeuse.

Pourtant des miracles, expulsions de démons ont été relatés dans les divers écrits qui font la bible.

41

Le fanatique montre l'objet de l'adoration autre que ce qu'il est vraiment.
Il est idéalisé. Relater un événement le concernant se transforme en une histoire merveilleuse, un événement banal avec quelques adjectifs passe alors pour miraculeux.

Si Dieu n'existe pas, que reste-t-il à l'homme ?

Plus d'espoir ?

Espérer quoi ?

Vivre après la mort dans un lieu paisible, retrouvant les êtres perdus ?
Ne pas finir, âme damnée, dans des flammes éternelles ?
Un tuteur céleste qui guiderait chacun, le protégerait ou si grosse lacune côté protection, le recevrait dans un paradis pour le récompenser des cruautés subies mais pas empêchées ?

Que l'homme ne vit pas en vain ?

Si l'homme s'invente un Dieu, n'est-ce pas le faire parce qu'il manque de confiance dans ses simples capacités humaines ?

Est-ce seulement à cause de la peur de mourir et qu'il n'y ait rien après la fin ?

Est-ce parce qu'il a trop d'imagination et ne sait pas la canaliser ?

Est-ce parce que l'homme reste-t-il un enfant qui a toujours besoin d' être rassuré ?

Pour être rassuré, rien de tel que des prophéties !

Les prophéties de la bibles ne sont pas rassurantes pour ceux qui doivent en faire les frais, mais elles le sont pour ceux qui doivent en bénéficier.

43

La fin du monde !

La devance des signes tels : le manque
de respect général, le mépris de la loi qui
ira en augmentant, la désobéissance aux
parents, l'intolérance...

Il est dit dans la bible que Dieu
interviendra dans les affaires du monde,
encore une fois, mais pas pour couvrir la
terre entièrement d'eau, il faut être
original, seulement pour éliminer tous
les hommes qui ne se soumettront pas à
sa volonté et ça fait un paquet de
personnes !
Il ne va plus rester grand monde !
Encore une prophétie basée sur la
terreur, sur le : si tu ne fais pas ce que je
demande tu mourras !

1 Thessaloniciens chapitre 5 : 2-4

Pour un Dieu dit d'amour, ce n'est pas rassurant, vivre la peur au ventre si on ne lui obéit pas !
Mais de toute façon, on doit bien mourir un jour, non ?
Alors que la mort soit de la main d'un créateur ou accidentelle, de maladie ou de mort naturelle quand le corps est trop vieux pour continuer, elle est inévitable, peu importe comment elle doit arriver, la seule promesse via cette prophétie est que ceux qui resteraient en vie lors de sa réalisation, vivraient éternellement !

Le but de la croyance étant bien de rester en vie pour toujours sur terre en cas de réalisation d'une prophétie ou si une fois mort après avoir obéi bien comme il faut au créateur.

On ne s'en sort pas !

J'ai juste fait un petit tour et puis ne reviens pas, d'horizon sur un sujet qui concerne la plupart des hommes et femmes.

Avec des questions souvent entendues et arguments personnels, mais qui une fois exprimés laisse place à la réflexion positive.

Un sujet qui pousse souvent à voir des individus qui utilisent Dieu pour assouvir des pulsions meurtrières, pour les justifier, donnant à leurs actes de destruction un prétexte religieux pour tuer, violer, tourmenter, torturer, interdire, humilier...

Il existe des hommes et des femmes qui, eux, n'ont pas besoin d'un prétexte de croyance en un Dieu pour faire le bien autour d'eux, ils le font sans réfléchir, sans calculer, se contentent de ce qu'ils ont, partagent et tout ça sans se vanter.

Oh, ils ne sont pas majoritaires sur cette

46

terre, mais ils suffisent à faire en sorte que la vie sur celle-ci reste tolérable.

Il y a aussi ceux qui, bien que pas forcément à l'écoute de l'autre dans leur vie, montrent, lors d'une catastrophe naturelle qu'ils ont un cœur et s'en servent ou qui forment une immense vague humaine pour crier en silence leur conviction de paix avec celle ou celui qui ne pense pas comme lui mais qui ne tue pas l'autre pour cela, affirmant un non sans concussion brandit devant la haine meurtrière des intolérants, pas besoin d'un Dieu pour voir l'homme exprimer des sentiments positifs, non, pas besoin d'un Dieu qui menace de tuer ceux qui ne veulent pas faire tout ce qu'il demande !

A quoi ressemblerait l'humanité si la notion de Dieu n'existait pas ?
Si la nécessité d'idolâtrer un être supérieur, une entité céleste dotée de

pouvoirs surnaturels n'effleurait même pas la pensé des hommes ?

Est-ce que tous les hommes sans exception laisseraient leurs fantasmes les plus pervers s'exprimer malgré la loi humaine ?

Vers qui l'âme endolorie se tournerait-elle pour recevoir du réconfort, pour confier ses plus lourds secrets, demander pardon, la force de supporter la maladie, la douleur, le chagrin ?

Y aurait-il eu moins de guerres ?

Ou d'autres prétextes, en place des guerres de religions, auraient-ils quand même supplanté le fameux motif de tuer celui qui, s'il ne veut pas croire en Dieu, doit adhérer à la croyance ou mourir... remplaçant ces massacres d'endoctrinement ?
Il y une affirmation dans la bible qui dit :

l'homme domine l'homme à son
détriment, rien de plus vrai !

Sans le placebo dit Dieu, la terre serait-
elle en meilleur « santé » ou la situation
serait-elle encore pire ?
Les terroristes religieux tueraient au nom
de qui pour assouvir leur soif de
soumission, de haine, d'intolérance ?

Alors, après avoir vécu, observé, cru,
puis ouvert les yeux, à moins que
quelqu'un prouve un jour le contraire,
pour moi la preuve est faite que Dieu
n'existe pas. ! ? …

F i n

Bibliographie

Chez Thebookedition (livre papier et Ebook)
et
Kindle (à télécharger) et papier sur
Amazon.fr

Les colocataires : nouvelles

Love : pensées sur l'amour...

Nouvelles enfantines : pour enfants de 8 à 14 ans.

Nouvelles horrifiquement zarbies

Vampire légende la genèse : des ados courageux, l'amour, la mort, des sorcières, magiciens etc...

Fatale : Des morts en série... Un,

deux, trois tueurs ? Une enquête
menée par un père et sa fille...

La guerre : essai OU Réalisme (la
guerre:essai avec Politicien tu ne sers
à rien/pamphlet)

Les hommes des messageries du net :
témoignage, un point de vue féminin
sur le sujet, anecdotes...

Vivre ou survivre, peut-on toujours
choisir ? psychologie/témoignage/socié
té

Les criminels, des prédateurs nés ?
Essai.

Dieu n'existe pas et il nous le
prouve ? : Essai

Des mots et des vies : poésie
contemporaine .

51

**Maigrir avec goût : perdre du poids
sans se priver et ne pas reprendre c'est
possible !**